まちごとインド

South India 024 Kochi
コーチ(コーチン)

「海のシルクロード」の一大拠点

കൊച്ചി

Asia City Guide Production

【白地図】南インド

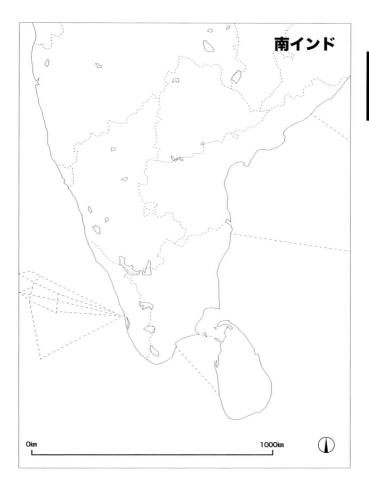

【白地図】ケーララ州

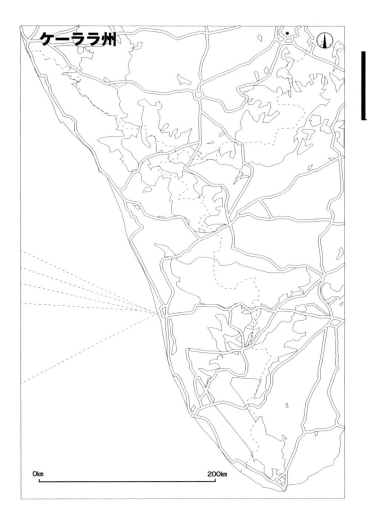

【白地図】コーチ

INDIA
南インド

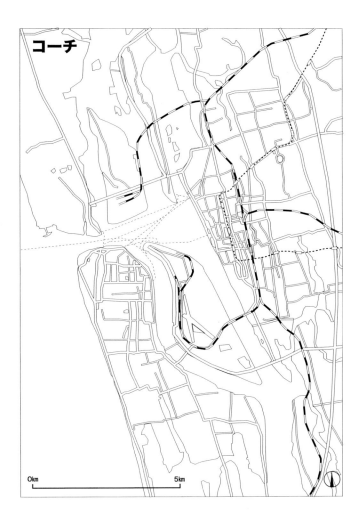

【白地図】フォートコーチン

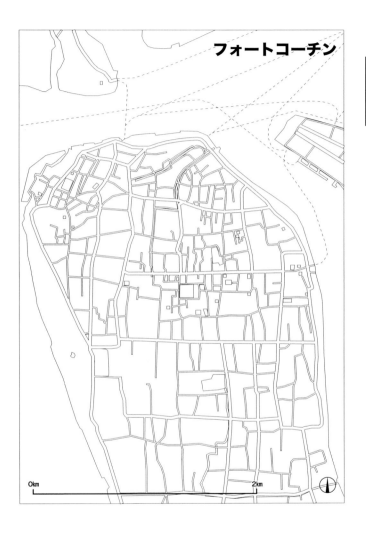

【白地図】フォートコーチン中心部

【白地図】マッタンチェリ

INDIA
南インド

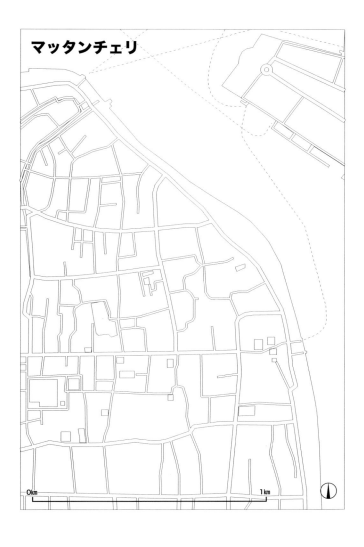

【白地図】ジュータウン

INDIA
南インド

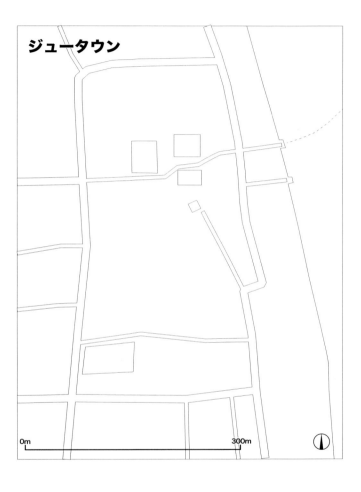

【白地図】ボルガッティ宮殿

INDIA
南インド

【白地図】エルナクラム

INDIA
南インド

エルナクラム

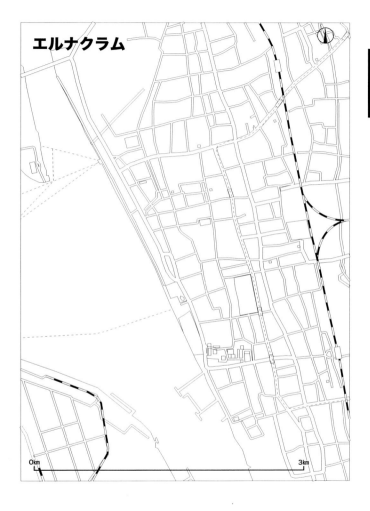

Kochi 白地図

【白地図】エルナクラム中心部

INDIA
南インド

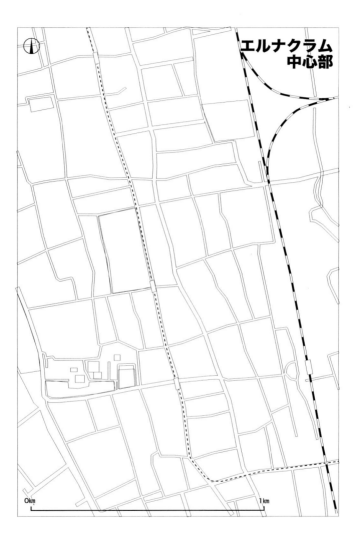

【白地図】コーチ郊外

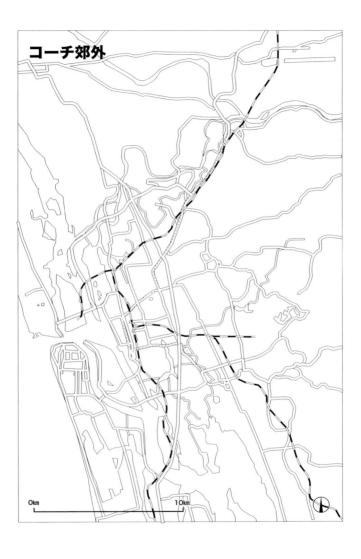

【まちごとインド】
南インド 021 はじめてのケーララ
南インド 022 ティルヴァナンタプラム
南インド 023 バックウォーター
　　　　　　　（コッラム～アラップーザ）
南インド 024 コーチ（コーチン）
南インド 025 トリシュール

INDIA
南インド

　　ケーララ州最大の都市コーチは、帆船を導く季節風にめぐまれ、中世以来、海のシルクロードの要衝となってきた。胡椒、宝石、真珠、象牙などの取引で、この街は繁栄をきわめ、現在ではインド有数の貿易港として知られる。

　アラビア海を通じた交易は紀元前後より盛んだったが、14世紀以後、コーチはマラバール海岸を代表する港町へと成長をとげた。ヨーロッパと中国を結ぶ中継地となり、中国から伝わった四つ手網チャイニーズ・フィッシング・ネットによる漁が今なお行なわれている。

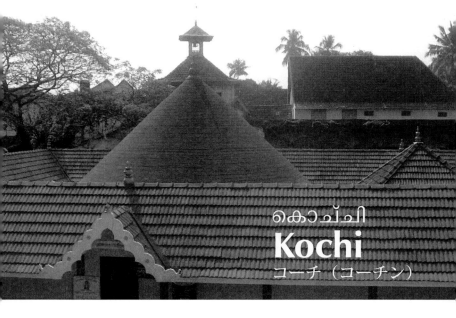

Kochi
കൊച്ചി
コーチ（コーチン）

　一方、1502年にヴァスコ・ダ・ガマがコーチに商館を開設して以来、ポルトガル、オランダ、イギリスと西欧諸国の統治を受けてきたという面もある。キリスト教会やモスク、ユダヤ教のシナゴーグがならび、コーチはさまざまな信仰をもつ人々が集まる港町となっている。

【まちごとインド】
南インド 024 コーチ

目次

コーチ（コーチン） ……………………………………………xxiv

黄金海岸に輝く真珠 ……………………………………………xxxii

フォートコーチン城市案内 ……………………………………xxxix

マッタンチェリ城市案内 ………………………………………lvii

港町にまつわる物語 ……………………………………………lxxii

島嶼部城市案内 …………………………………………………lxxviii

エルナクラム城市案内 …………………………………………lxxxiii

郊外城市案内 ……………………………………………………xciii

城市のうつりかわり ……………………………………………xcix

【MEMO】

【地図】南インド

【地図】ケーララ州

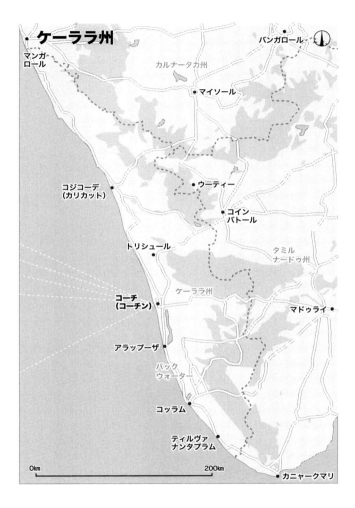

黄金海岸に輝く真珠

INDIA
南インド

世界各地の物資が集まるマラバール海岸は
黄金海岸とたたえられてきた
コーチはマラバール海岸最大の港町

コーチの構成

コーチはアラビア海にそそぐ川のデルタ地帯にあたり、バックウォーター、半島、島などが入り組んだ複雑な地形に街が展開する。ポルトガルの商館と要塞がおかれたフォート・コーチン、地元のインド人やイスラム教徒、ユダヤ人たちが暮らしたマッタンチェリ、20世紀になって整備されたウィリンドン島、都市化が進む内陸部のエルナクラムとその郊外から構成される。エルナクラムとウィリンドン島やフォート・コーチン、またエルナクラムとボルガッティ島などのあいだをジェッティー（船）が往来している。

Kochi 黄金海岸に輝く真珠

▲左　半島、島嶼、内陸を結ぶジェッティー。　▲右　コーチには西欧の拠点がおかれてきた、マッタンチェリ宮殿にて

海のシルクロード

アラビア海に開けたマラバール海岸はインドへの窓口となり、「この地でしかとれない」とされた胡椒や香料を求めて紀元前後から商人の往来があった。歴史的にはコーチ北30kmのコドゥンガルール（ムージリス）がケーララを代表する港だったが、ペリヤール川の堆積で衰退し、1341年の洪水による地形の変化もあってコーチが台頭した。中世の交易をになったのはペルシャやアラブの商人で、12世紀以後は中国人も訪れていた。こうした人々の往来にともなって、ユダヤ教、キリスト教、イスラム教といった宗教も伝播し、コー

INDIA
南インド

チのコスモポリタン的性格がつくられていった。

人々が求めた胡椒

ペッパー（胡椒）はインドの言葉ピッパリーに由来し、ケーララで産出される胡椒は大変貴重なものだった。胡椒のからさと強い刺激は生肉を食するヨーロッパ人の食欲を増進させ、塩づけか、干すしかなかった保存にも役立った。古代ローマでは、胡椒1グラムが金1グラムと取引されるほどで、南インドではヨーロッパとは比較にならないほど安い値段で胡椒が売られていた。こうした事情は、大航海時代の1498年

Kochi 黄金海岸に輝く真珠

▲左　ケーララ伝統芸能カタカリ・ダンス、役者の仕込みも公開する。　▲右　胡椒をはじめとする香辛料は西欧人垂涎の的だった

にインドに到達したヴァスコ・ダ・ガマの航海の目的が「胡椒とキリスト教徒を求めて」だったことからもうかがえる。胡椒の産地を後背地に抱えるコーチは、胡椒の積出港として発展してきた（かつてバックウォーター沿いでも胡椒が産出されたが、現在、西ガーツ丘陵地帯が産地となっている）。

【地図】コーチ

【地図】コーチの [★★★]
- [ ] フォート・コーチン Fort Kochi
- [ ] チャイニーズ・フィッシング・ネット Chinese Fishing Net
- [ ] マッタンチェリ Mattancherry

【地図】コーチの [★★☆]
- [ ] エルナクラム Ernakulam

【地図】コーチの [★☆☆]
- [ ] ケーララ民俗劇場博物館 Kerala Folklore Theatre & Museum
- [ ] ウィリンドン島 Willingdon Island
- [ ] ボルガッティ島 Bolghatty Island

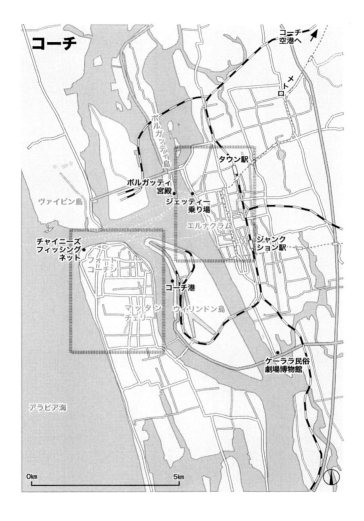

**Guide,
Fort Kochi**

フォートコーチン城市案内

フォート・コーチンは半島の北端に広がるエリア
いくつもの河川がアラビア海へ流れこむ
ちょうど外海とコーチの接点に位置する

フォート・コーチン Fort Kochi ［★★★］

1502年にヴァスコ・ダ・ガマが商館を設置し、その後、ポルトガルの要塞がおかれていたフォート・コーチン。ここは大航海時代にインドを訪れたヨーロッパ人最初の居留地で、ポルトガルの商館、キリスト教会、物資を保存する倉庫、商店などがならんでいた（1498年、カリカットに到着したガマはカリカット王と対立し、ポルトガルの拠点はコーチへ移った。その後の1530年以降、ゴアがポルトガルの根拠地となった）。網の目のように無秩序に道路が走るのはこの地の地形にあわせたためで、16世紀初頭に建てられた赤屋根

INDIA
南インド

▲左 中国から伝わったというチャイニーズ・フィッシング・ネット。 ▲右 ケーララ州はアユールヴェーダのメッカでもある

の植民建築が続く。ポルトガル（16〜17世紀）からオランダ（17〜18世紀）、イギリス（18〜20世紀）へと支配者は代わり、イギリス統治時代にフォート・コーチンの要塞は解体された。

チャイニーズ・フィッシング・ネット
Chinese Fishing Net [★★★]

対岸にヴァイピン島をのぞむフォート・コーチンの北岸にならぶ巨大な四つ手網チャイニーズ・フィッシング・ネット。「中国の網（チーナ・ヴィラ）」を意味する名前からもわかる

【MEMO】

【地図】フォートコーチン

【地図】フォートコーチンの ［★★★］
- ☐ フォート・コーチン Fort Kochi
- ☐ チャイニーズ・フィッシング・ネット Chinese Fishing Net
- ☐ マッタンチェリ Mattancherry

【地図】フォートコーチンの ［★★☆］
- ☐ 聖フランシス教会 St. Francis Church
- ☐ マッタンチェリ宮殿（ダッチパレス）Mattancherry Palace
- ☐ シナゴーグ Synagogue
- ☐ ケーララ・カタカリ・センター Kerala Kathakali Centre

【地図】フォートコーチンの ［★☆☆］
- ☐ サンタクルス聖堂 Santa Cruz Cathedral Basilica
- ☐ カルヴェッティ運河 Kalvatthy Canal
- ☐ バザール・ロード Bazar Road
- ☐ ジャイナ寺院 Jain Temple
- ☐ ジャマー・マスジッド Juma Masjid
- ☐ ウィリンドン島 Willingdon Island

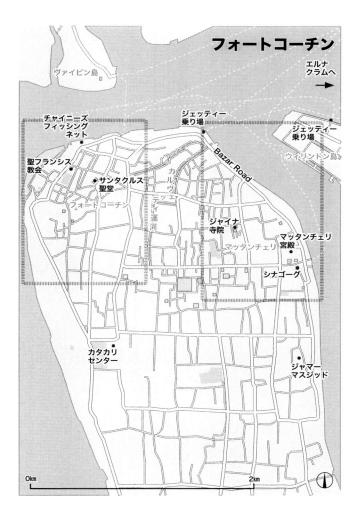

INDIA
南インド

ように、14世紀にコーチを訪れた鄭和の艦隊によって中国の漁法が伝えられたという。一辺4mもの巨大な網を漁場や潮どまりに沈め、しばらくしてから漁師数人が「てこの原理」を使って引きあげる（そのあいだに魚が捕獲されている）。この網はケーララ地方でしか見られず、マラバール海岸が中国との海上交易地点であったことを今に伝えている。

鄭和の西洋くだり

12世紀ごろから、マラバール海岸に中国の商船が現れるようになり、とくに1405年から29年のあいだで7度行なわれ

▲左　新鮮な魚がならぶ、フォート・コーチンにて。　▲右　チャイニーズ・フィッシング・ネットを自在にあつかう

た鄭和の西洋くだりが知られる。大艦隊をひきいた鄭和の目的は、明朝（中国）の威光を世界中に示し、諸国を中国皇帝に朝貢させることにあった（カリカット王は何度か中国への使節を送っている）。鄭和はベンガル湾、コモリン岬からコッラム、コーチ、カリカットへといたり、第5次遠征の際、コーチに石碑を立てたという。チャイニーズ・フィッシング・ネットが中国から伝えられたほか、ケーララの伝統芸能カタカリ・ダンスの化粧や衣装と、中国の京劇の関係性も指摘される。

INDIA
南インド

マハトマ・ガンジー・ビーチ
Mahatma Gandhi Beach [★★☆]

フォート・コーチンの岬先端部に広がるマハトマ・ガンジー・ビーチ。ここからは行き交う大型船、チャイニーズ・フィッシング・ネット、また美しい夕陽を見ることができる。

赤い屋根の建物

フォート・コーチンにはポルトガルが来航した16世紀初頭に建てられたコロニアル建築が今でも残っている。これらはモンスーンと強い陽射しを受けるインドの気候にあわせ、勾

▲左　大航海時代を切り開いたヴァスコ・ダ・ガマ。　▲右　聖フランシス教会はインド最古のローマ・カトリック教会

配屋根、熱気をふせぐ白く厚い壁をもったものとなっている。またケーララの伝統建築は、他のインドの地域が石づくりなのに対して柱と梁を使った木造で、ケーララ様式で建てられたキリスト教会、モスクも見られる。

聖フランシス教会 St. Francis Church ［★★☆］

聖フランシスコ教会は、1500年ごろに建てられたインド最古のローマ・カトリック教会。ポルトガル人が礼拝を行なったところで、インド布教の拠点にもなっていた（ヨーロッパでプロテスタントの勢いが高まるなか、カトリックは海外

INDIA
南インド

に活路を見出した)。インド航路を「発見」したヴァスコ・ダ・ガマは 1524 年、コーチでなくなり、その墓石がこの教会の床に埋められている。そのことからヴァスコ・ダ・ガマ教会とも呼ばれ、大航海時代以来の伝統をもつ由緒ある教会となっている(ガマの遺体は 1538 年、ポルトガルに送られ、リスボン郊外に葬られた)。フォート・コーチンの支配者がポルトガルからオランダに移ったとき、この教会はプロテスタント教会になったとも伝えられる。

【MEMO】

【地図】フォートコーチン中心部

【地図】フォートコーチン中心部の [★★★]
- [ ] フォート・コーチン Fort Kochi
- [ ] チャイニーズ・フィッシング・ネット Chinese Fishing Net

【地図】フォートコーチン中心部の [★★☆]
- [ ] マハトマ・ガンジー・ビーチ Mahatma Gandhi Beach
- [ ] 聖フランシス教会 St. Francis Church

【地図】フォートコーチン中心部の [★☆☆]
- [ ] サンタクルス聖堂 Santa Cruz Cathedral Basilica

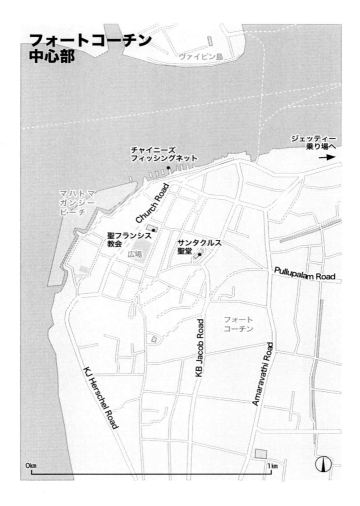

INDIA
南インド

インド航路の「発見」

ヨーロッパの大航海時代(15〜17世紀)は、大西洋に突き出したイベリア半島のスペインとポルトガルからはじまった。1498年、ヴァスコ・ダ・ガマによって喜望峰をまわるインド航路が「発見」されると、ポルトガルはインド洋各地の港に商館を築いた(また1492年、コロンブスがアメリカ大陸を「発見」している)。それまでアラブやペルシャ商人が交易の担い手だったが、ポルトガルは武力でその勢力を駆逐し、150年のあいだインド洋交易を独占した。

▲左　堂々としたたたずまいのサンタクルス聖堂。　▲右　アートギャラリーにて、タブレットを使ったパフォーマンス

サンタクルス聖堂 Santa Cruz Cathedral Basilica [★☆☆]

聖フランシスコ教会とならんで由緒ある伝統をもつサンタクルス聖堂。1505年に建てられ、1558年にコーチン管区が設置されると、この教会が管区全体を管轄する司教座教会となった（コーチン王の許可のもと初代インド総督アルメイダが設立した）。その後、何度も再建されて現在にいたる。

カルヴェッティ運河 Kalvatthy Canal [★☆☆]

フォート・コーチンとマッタンチェリをわけるように半島先端を南北に走るカルヴェッティ運河（前者はヨーロッパ人が、

INDIA
南インド

後者はインド人やイスラム教徒が暮らした)。運河を利用して物資が運ばれ、この運河沿いで活発な商取引が行なわれていた。ポルトガル統治時代にコーチを訪れたリンスホーテンは「コチンの地は小さな島で、いたるところを小川や溝が貫流し、取り囲んでいる」と記している。

現代美術のアートギャラリー
フォート・コーチンには、いくつかのアートギャラリーが点在している。インド人芸術家による洗練された現代美術の展示が見られる。

【MEMO】

Kochi フォートコーチン城市案内

**Guide,
Mattancherry**

マッタンチェリ
城市案内

フォート・コーチン南東に広がるマッタンチェリ
海上交易を行なう商人たちが集まったほか
コーチン王の宮殿やオランダの商館がおかれていた

マッタンチェリ Mattancherry ［★★★］

16世紀のポルトガル人来訪以後、西欧人が居住したフォート・コーチンに対してコーチン王の宮殿がおかれ、その支配領域となっていたマッタンチェリ（当時はふたつのコーチがあった）。インド人、ユダヤ人、イスラム教徒などが居住区を構えたことから、ヒンドゥー寺院、ユダヤ教のシナゴーグ、モスクなど残っている。かつてマッタンチェリの胡椒バザールはインド有数のにぎわいを見せていたという。

バザール・ロード Bazar Road ［★☆☆］

フォート・コーチン方面からマッタンチェリにかけて半島先端部を弧を描くように走るバザール・ロード。胡椒や各種香料をあつかう卸売店がならぶ。

マッタンチェリ宮殿（ダッチパレス） Mattancherry Palace ［★★☆］

マッタンチェリ宮殿は1557年、この地方を統治するコーチン王のためにポルトガルによって建てられた宮殿跡。その後の1663年、ポルトガルに代わってオランダがコーチに進出

【MEMO】

【地図】マッタンチェリ

【地図】マッタンチェリの [★★★]
- [ ] マッタンチェリ Mattancherry

【地図】マッタンチェリの [★★☆]
- [ ] マッタンチェリ宮殿（ダッチパレス）Mattancherry Palace
- [ ] ジュー・タウン Jew Town
- [ ] シナゴーグ Synagogue

【地図】マッタンチェリの [★☆☆]
- [ ] バザール・ロード Bazar Road
- [ ] パレス・ロード Palace Road
- [ ] クリシュナ寺院 Krishna Temple
- [ ] ジャイナ寺院 Jain Temple
- [ ] ウィリンドン島 Willingdon Island

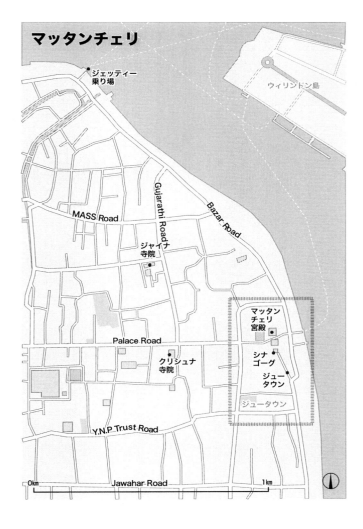

【地図】ジュータウン

【地図】ジュータウンの [★★★]
- [ ] マッタンチェリ Mattancherry

【地図】ジュータウンの [★★☆]
- [ ] マッタンチェリ宮殿（ダッチパレス）Mattancherry Palace
- [ ] ジュー・タウン Jew Town
- [ ] シナゴーグ Synagogue

【地図】ジュータウンの [★☆☆]
- [ ] ヒンドゥー寺院 Hindu Temple

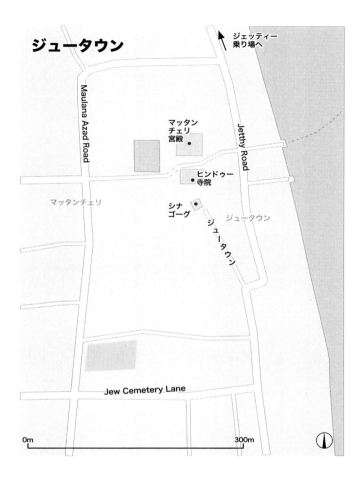

INDIA
南インド

すると、ここにオランダ東インド会社の商館がおかれた。オランダ総督がこの宮殿に拠点として胡椒の買いつけを行なったことから、「ダッチパレス」の名前で親しまれている。現在は博物館として開館し、『マハーバーラタ』や『ラーマーヤナ』を描いた絵画などが展示されている（ケーララと西欧の様式が混じった建築となっている）。

ヒンドゥー寺院 Hindu Temple ［★☆☆］
マッタンチェリ宮殿の南側に残るこぢんまりとしたヒンドゥー寺院。方形の壁のなかに円形祠堂が残る。

▲左 オランダ総督が居を構えたマッタンチェリ宮殿。 ▲右 かつて胡椒取引の中心地だったユダヤ人街

ジュー・タウン Jew Town [★★☆]

インド最大の胡椒取引所として栄えてきたジュー・タウン。ここはユダヤ人が商店と居住区を構えていたところで、ユダヤ人はオランダ東インド会社と強いつながりをもって胡椒交易をとり仕切っていた(ユダヤ人は10世紀ごろから胡椒取引を行なっていたが、20世紀のイスラエル建国にともない移住していった)。胡椒の青実をとって乾燥させた黒胡椒、皮をとった白胡椒、ターメリック、ジンジャー、カルダモンなどがあつかう商店や倉庫がにぎわいを見せていたが、現在は土産物店がならぶ。

シナゴーグ Synagogue ［★★☆］

ジュー・タウンに立つユダヤ教の礼拝所シナゴーグ。1568年に建てられたあと、1760年に時計塔がくわえられるなど増改築が続いた。シナゴーグ内部では18世紀に海のシルクロードを通じて運ばれた中国陶磁器で敷き詰められた床や、ユダヤ人の愛用した調度品が見られる。また11世紀初頭にケーララ王バーシュカラ・ラヴィヴァルマン1世からユダヤ人にあたえられた銅板が残っている（土地や税に関するユダヤ人の権利が記されている）。

パレス・ロード Palace Road ［★☆☆］

マッタンチェリ宮殿から西に伸びるパレス・ロード。イギリス統治時代の 18 世紀末に整備され、この通り沿いにヒンドゥー寺院が建てられた（またポルトガル到来以前の 15 世紀初頭には、コーチン王の宮殿があった）。

クリシュナ寺院 Krishna Temple ［★☆☆］

マッタンチェリ宮殿の西側に立つクリシュナ寺院。ヴィシュヌ神の化身と見られるクリシュナ神がまつられ、建物はケララ様式となっている。

INDIA
南インド

ジャイナ寺院 Jain Temple［★☆☆］

ジャイナ教は紀元前5世紀ごろにインドで生まれた宗教で、厳格な教えをもつ。裸足になって入場する。

ジャマー・マスジッド Juma Masjid［★☆☆］

ジャマー・マスジッドは、マッタンチェリの南東部に立つイスラム礼拝堂。ポルトガル到来以前からの歴史をもち、中世、胡椒交易をになったイスラム教徒があたりに集住していた（またイスラム教徒はカルヴェッティ運河沿いに拠点を構えていた）。金曜日に集団礼拝が行なわれる。

▲左　ケーララ様式で建てられた木造のヒンドゥー寺院。　▲右　多種多様な人々が集まるコーチ、イスラム教徒も多い

ケーララ・カタカリ・センター
Kerala Kathakali Centre ［★★☆］

カタカリはじめケーララの伝統芸能を紹介するケーララ・カタカリ・センター。ケーララにはカタカリ・ダンスはじめ、他のインドの地域では失われてしまったサンスクリット語劇などの伝統芸能が残っている（サンスクリット語劇クーリーヤッタムは世界無形文化遺産に指定されている）。

INDIA
南インド

カタカリ・ダンスとは

カタカリとは「カタ（物語）」「カリ（劇）」を意味し、派手な化粧と衣装をした役者が音楽にあわせて立ちまわる。カタカリ・ダンスでは言葉を使わず、手や足の動き、目や顔の表情で喜び、哀しみ、怒りを表現する。古典サンスクリット語劇と土俗的な要素があわさって16世紀ごろ確立され、この地方の王家やバラモンの庇護のもと現代まで受け継がれてきた。古代インドの叙事詩『ラーマーヤナ』や『マハーバーラタ』が題材とされる。

港町にまつわる物語

INDIA 南インド

ユダヤ人やキリスト教徒、東インド会社
人々はいつでも海からコーチを訪れた
黄金海岸の真珠にたとえられた港町の物語

オランダ東インド会社の躍進

16世紀末、宗主国ハプスブルク家から独立したオランダは新進の商業国家で、航海のリスクを減らすため有力商人や金融業者が資金をもちあってオランダ東インド会社が結成された。このオランダ東インド会社は「史上初の株式会社」とされ、強力な海軍力でポルトガルの拠点を陥落させていった（Vereenigde Oostindische Compagnie の頭文字をとって「VOC」と呼ばれる）。バダヴィア、コロンボ、コーチ、長崎などに商館を構え、マラバール海岸の胡椒、東南アジアの香料、コロマンデル海岸の綿花、中国の茶などが運ばれた。

▲左　ユダヤ教の燭台が描かれている、マッタンチェリにて。　▲右　人々はマラバール海岸の富を求めて集まった

このオランダ東インド会社は軍事力の差などから、18世紀以降、イギリス東インド会社の勢力にとって代わられるようになった。

ユダヤ人の移住

ユダヤ人がいつからインドに住み着いたかは定かではないが、70年、ローマの迫害を受けてエルサレムの神殿が焼かれたこと、第2次ユダヤ戦争（132〜135年）でエルサレムを追われたことなどを契機にマラバール海岸へ移住したという。インドの人々と混血した「黒いユダヤ人」と、純潔を守っ

▲左　聖フランシス教会近くの広場。　▲右　フォート・コーチンではレストランがずらりとならぶ

た「白いユダヤ人」に区別され、かつてコーチでは街路をわけて暮らしていた。ユダヤ人はコーチの胡椒貿易をになってきたが、20世紀のイスラエル建国後はユダヤ商人はコーチから移住し、グジャラート商人がとって代わった。

3つのキリスト教

4世紀のササン朝ペルシャでキリスト教徒が迫害を受け、その信徒がマラバール海岸へ逃れたと伝えられる。交易を通じて異世界との交渉があったケーララには、古い信仰を残すシリア派キリスト教徒が暮らしている。彼らはケーララのマラ

【MEMO】

INDIA
南インド

ヤーラム語を話すが、古代シリア語の文字を今に伝えるなど独自のコミュニティを形成してきた（南インドで布教にあたったという聖トーマス伝説から「トマの子」と呼ばれる）。また 1498 年のヴァスコ・ダ・ガマの到来以後、ローマ・カトリック教会の布教で多くの人がキリスト教に改宗したほか、オランダ、イギリス統治時代にはプロテスタント教会もコーチに進出した。ケーララでは 3 つの系統のキリスト教が信仰され、キリスト教人口比率は 20%に達する。

Guide, Islands
島嶼部
城市案内

INDIA
南インド

複雑に入り組んだ地形をもつコーチ
ウィリンドン島、ボルガッティ島とエルナクラム
のあいだをボートが行き交う

海岸から内陸へ続くバックウォーター

バックウォーターはアラビア海とつながった天然の運河で、潮が満ちたときに海水が戻ってくる（バックする）ところから名づけられた。コーチを起点に縦横無尽に水路が走り、とくにコーチからアラップーザ、コッラムへと続くバックウォーターはケーララの大動脈となってきた。バックウォーターを通じて、ヤシの実、胡椒、西ガーツ山脈で産出される木材などの物資が運ばれるほか、人々が移動する交通の道にもなっている（アラビア海からコーチ港、バックウォーターへと続く水上の道があった）。

▲左　島嶼部とエルナクラムを結ぶジェッティー、人々の足となる。　▲右
南国ののんびりした時間が流れるボルガッティ島

ウィリンドン島 Willingdon Island ［★☆☆］

エルナクラムとフォート・コーチンのあいだに浮かぶウィリンドン島。古くは小さな島に過ぎなかったが、1920年代にコーチ港の浚渫工事とこの島の埋め立てが進んだ（1869年のスエズ運河の開通にともなってヨーロッパとアジアを結ぶ航海が活発になった）。現在ではインドを代表する港がおかれ、造船所、海軍基地も見られる。

【地図】ボルガッティ宮殿

【地図】ボルガッティ宮殿の [★★☆]
- [ ] エルナクラム Ernakulam

【地図】ボルガッティ宮殿の [★☆☆]
- [ ] ボルガッティ島 Bolghatty Island

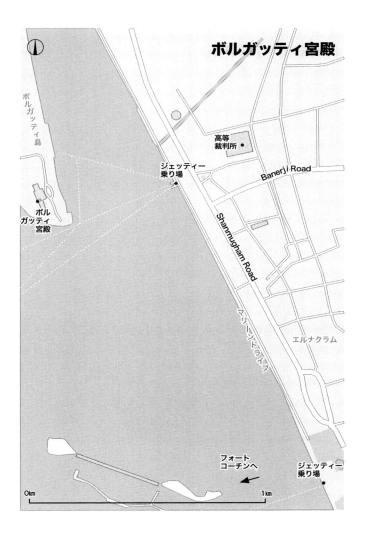

INDIA
南インド

ボルガッティ島 Bolghatty Island ［★☆☆］

ボルガッティ島の南端に立つボルガッティ宮殿。オランダ統治時代の1744年に建てられ、その後のイギリス統治時代には総督代理の宮殿がおかれていた。エルナクラムからボルガッティ島へのジェッティーが出ている。

**Guide,
Ernakulam**

エルナクラム
城市案内

コーチ内陸部のエルナクラム
めざましい発展をとげ
南インドを代表する都市を形成している

エルナクラム Ernakulam ［★★☆］

コーチ（フォート・コーチン）と双子都市を形成する内陸部のエルナクラム。旧市街のコーチ（フォート・コーチン）に対して、こちらは20世紀に入って急速な発展をとげた新市街となっている。諸企業が拠点を構える商業都市で、官公庁などの行政機関も集まる。鉄道やバスでインド各地と結ばれていて、タウン駅とジャンクション駅のふたつの駅をもつ。

マリーン・ドライブ Marine Drive ［★☆☆］

アラビア海へ続く運河に沿って南北に走るマリーン・ドライ

南インド

▲左　絶え間なく人々が行き交う。　▲右　エルナクラムは南インド有数の大都会

ブ。ここからフォート・コーチンやウィリンドン島とのジェッティーが往来する。

ケーララの食べもの

コーチでは、ココヤシの油が使われたケーララ風のカレーが食されるほか、南国で自生するバナナやタピオカなども食卓にならぶ。また早くからポルトガルやオランダといった西欧文明と接触してきたコーチでは、他のインドと違って牛肉を食する人も見られるという（西欧の影響が他の地域よりも強い）。

【MEMO】

【地図】エルナクラム

【地図】エルナクラムの [★★★]
- [ ] エルナクラム Ernakulam

【地図】エルナクラムの [★☆☆]
- [ ] マリーン・ドライブ Marine Drive
- [ ] エルナクラッタパン寺院 Ernakulathappan Temple
- [ ] ボルガッティ島 Bolghatty Island

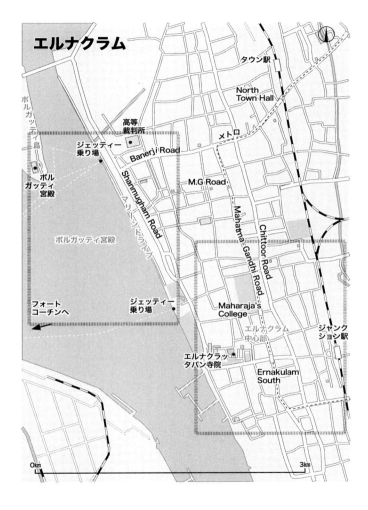

【地図】エルナクラム中心部の ［★★★］
- [ ] エルナクラム Ernakulam

【地図】エルナクラム中心部の ［★☆☆］
- [ ] エルナクラッタパン寺院 Ernakulathappan Temple

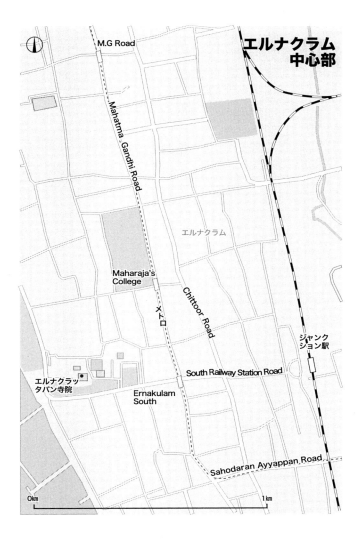

INDIA
南インド

エルナクラッタパン寺院
Ernakulathappan Temple [★☆☆]

運河近くに位置するエルナクラッタパン寺院。この寺院がエルナクラムの都市名になったとされ、シヴァ神(エルナクラッパン神)がまつられている。

ケーララ民俗劇場博物館
Kerala Folklore Theatre & Museum ［★☆☆］

エルナクラム南部に位置するケーララ民俗劇場博物館。ケーララでは他のインドで失われてしまったサンスクリット劇や伝統芸能が数多く残り、テイヤムやカタカリといった伝統芸能の展示が見られる。建物はケーララ特有の木造建築となっている。

【MEMO】

Guide, Around Kochi
郊外
城市案内

都市化と人口増加が進む
ケーララ最大の都市コーチ
放射状に拡大するコーチ首都圏

トゥリプニートゥラ Thripunithura [★☆☆]

エルナクラム郊外に位置し、古くからバラモン文化が息づいてきたトゥリプニートゥラ。20世紀以前のイギリス統治時代にはコーチン藩王国の宮殿がおかれ、現在は彫刻、絵画、貨幣などを展示する博物館となっている。

チョッタニカッラ寺院 Chottanikkara Temple [★☆☆]

コーチ郊外に位置するチョッタニカッラ寺院。ケーララ土着のバガヴァティー女神がまつられ、この女神はシヴァ神の配偶神と見られている。木造の寺院建築は伝統的なケーララ様

式で、柱や窓枠には美しい木彫りがほどこされている。

ケーララ博物館
Museum of Art and Kerala History [★☆☆]

ケーララ郊外の空港へ向かう途中に立つケーララ博物館。彫刻、絵画などの展示を通してケーララの歴史や文化、芸術にふれることができる。またケーララにまつわる蔵書を収蔵する図書館を併設し、この地の文化拠点にもなっている。

【MEMO】

【地図】コーチ郊外

【地図】コーチ郊外の ［★★★］
- [ ] フォート・コーチン Fort Kochi

【地図】コーチ郊外の ［★★☆］
- [ ] エルナクラム Ernakulam

【地図】コーチ郊外の ［★☆☆］
- [ ] トゥリプニートゥラ Thripunithura
- [ ] チョッタニカッラ寺院 Chottanikkara Temple
- [ ] ケーララ博物館 Museum of Art and Kerala History

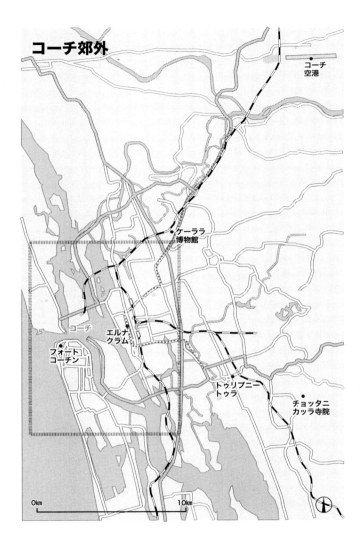

城市の
うつり
かわり

豊かな物資にあふれ富める様子から
黄金海岸や胡椒海岸と呼ばれてきたマラバール海岸
さまざまな人々が往来した海のシルクロード拠点

古代（〜12世紀）

コーチの港には紀元前後からアラブ商人の往来があったとされ、とくにコーチ北30kmのコドゥンガルールが海上交易の拠点となっていた（ローマやギリシャ、アラブの人々は「この地方でしかとれない」とされた胡椒を求めた）。季節風を使ったアラビア海交易が行なわれるなかで、1世ごろ聖トーマスがコドゥンガルールを訪れてキリスト教布教を行なったとも、ユダヤ教徒が集団移住したとも伝えられる。紀元前3世紀のアショカ碑文にも記されているように、古代ケーララはチェーラ朝の勢力下にあり、その都がコドゥンガルールに

INDIA
南インド

おかれていた(ケーララを東西につらぬくペリヤール川にのぞむ地理が大きかった)。

中世(12〜16世紀)

伝説ではチェーラ朝最後の王サラマ・ペリマルがイスラム教に改宗して領土を従者や友人にわけあたえ、コーチにはこの地方を統治するコーチン王の宮殿がおかれた。12世紀以後、中国のジャンク船がコーチを訪れるようになり、この港町は洋の東西を結ぶ海のシルクロードの中継点へと発展をとげた(ペリヤール川の堆積でコドゥンガルールが港の機能を低下

▲左 ケーララで使われているマラヤーラム語。 ▲右 積みあげられた果実、年中陽射しが強い

させ、14世紀以後、胡椒の積出港としてコーチが台頭した)。コーチン王国は各地からもたらされる豊かな物資でうるおい、カリカットやコッラムとならぶ海洋商業国家となっていた。

ポルトガル統治時代（16〜17世紀）

インドに到着したヴァスコ・ダ・ガマは、カリカット王と対立したこともあって、コーチン王と結んで1502年にコーチに商館を構えた（ポルトガルと結んだコーチにカリカットは兵を派遣し、その後、ポルトガルによってコーチに要塞が築

INDIA
南インド

かれた)。ポルトガルの目的は胡椒や香料交易を独占することにあり、この時代、半島先端のフォート・コーチンにヨーロッパ人が暮らし、その南東のマッタンチェリにコーチン王、インド人やイスラム教徒が暮らした。

オランダ統治時代（17 〜 18 世紀）

株式会社の形態をとって進出したオランダ（オランダ東インド会社）が、ポルトガルに代わってインド洋交易で台頭した。オランダはポルトガルの商館を次々に陥落させ、1663 年、コーチにマラバール海岸一帯の司令部がおかれた。オランダ

▲左 ケーララ伝統の武術カラリパヤットのポスター。 ▲右 赤い屋根の建物が続く、フォート・コーチンにて

は王の任命権をもつなどコーチン王を傀儡政権とし、胡椒の独占的な買いつけを行なった（またユダヤ商人が活躍した）。この時代、北インドのムガル帝国が弱体化し、南インドではマイソール王国が勢力を伸ばして18世紀にはケーララもその版図としている。

イギリス統治時代（18〜20世紀）

オランダに代わって南インドに進出してきたのがイギリスで、1795年以降、コーチはイギリス東インド会社の統治下に入った。チェンナイやムンバイに拠点をおくイギリスは

コーチン王の威光を借りて間接統治を行ない、インド独立まででマハラジャを中心とするコーチン藩王国が続いた（コーチン藩王国では、南のトラヴァンコール藩王国に準ずるかたちで近代化が進められた）。1840年、コーチン王が内陸部のトゥリプニートゥラに移住するなど、エルナクラムの開発が進み、鉄道が敷設されてインド各地と結ばれるようになった。

現代（20世紀〜）

インド独立後の1956年、マラヤーラム語地域の旧コーチン藩王国、旧トラヴァンコール藩王国、旧イギリス領マラバー

▲左　のどかな南国の雰囲気、のんびりしている。　▲右　ケーララ州で話されているマラヤーラム語の文字が見える

ルがあわさってケーララ州が生まれた（マラヤーラム語は9世紀ごろにタミル語からわかれた、ケーララ州の公用語）。州都は旧トラヴァンコール藩王国の都ティルヴァナンタプラムにおかれたが、コーチはケーララ州屈指の商業都市の地位をたもっている。現在、コーチに造船業やインド海軍の拠点があるほか、マラバール海岸屈指の貿易港となっていて、歴史的遺構が残る旧市街のフォート・コーチンと新市街エルナクラムから構成される双子都市となっている。

参考文献

『世界歴史の旅南インド』（辛島昇 / 山川出版社）
『NHK海のシルクロード』（立松和平・辛島昇 / 日本放送出版協会）
『ヴァスコ・ダ・ガマ』（生田滋 / 原書房）
『オランダ東インド会社(VOC)によるフォート・コーチン(ケーララ,インド)の再編に関する考察』（山田協太・布野修司 / 学術講演梗概集）
『コチン(インド)の空間構成に関する研究』（佐藤圭一・布野修司・山根周・山田協太 / 学術講演梗概集）
『フォート・コーチン(ケーララ,インド)の住居類型とその変容過程に関する考察』（山田協太・布野修司 / 日本建築学会計画系論文集）
『カタカリ万華鏡』（河野亮仙 / 平河出版社）
『世界大百科事典』（平凡社）

まちごとパブリッシングの旅行ガイド
Machigoto INDIA , Machigoto ASIA , Machigoto CHINA

【北インド - まちごとインド】

001 はじめての北インド
002 はじめてのデリー
003 オールド・デリー
004 ニュー・デリー
005 南デリー
012 アーグラ
013 ファテープル・シークリー
014 バラナシ
015 サールナート
022 カージュラホ
032 アムリトサル

【西インド - まちごとインド】

001 はじめてのラジャスタン
002 ジャイプル
003 ジョードプル
004 ジャイサルメール
005 ウダイプル
006 アジメール（プシュカル）
007 ビカネール
008 シェカワティ
011 はじめてのマハラシュトラ
012 ムンバイ
013 プネー
014 アウランガバード
015 エローラ
016 アジャンタ
021 はじめてのグジャラート
022 アーメダバード
023 ヴァドダラー（チャンパネール）
024 ブジ（カッチ地方）

【東インド - まちごとインド】

002 コルカタ
012 ブッダガヤ

【南インド - まちごとインド】

001 はじめてのタミルナードゥ
002 チェンナイ
003 カーンチプラム
004 マハーバリプラム
005 タンジャヴール
006 クンバコナムとカーヴェリー・デルタ
007 ティルチラパッリ
008 マドゥライ
009 ラーメシュワラム
010 カニャークマリ
021 はじめてのケーララ
022 ティルヴァナンタプラム
023 バックウォーター（コッラム〜アラップーザ）
024 コーチ（コーチン）
025 トリシュール

【ネパール - まちごとアジア】

001 はじめてのカトマンズ
002 カトマンズ
003 スワヤンブナート

004 パタン
005 バクタプル
006 ポカラ
007 ルンビニ
008 チトワン国立公園

【バングラデシュ - まちごとアジア】

001 はじめてのバングラデシュ
002 ダッカ
003 バゲルハット（クルナ）
004 シュンドルボン
005 プティア
006 モハスタン（ボグラ）
007 パハルプール

【パキスタン - まちごとアジア】

002 フンザ
003 ギルギット（KKH）
004 ラホール
005 ハラッパ
006 ムルタン

【イラン - まちごとアジア】

001 はじめてのイラン
002 テヘラン
003 イスファハン
004 シーラーズ
005 ペルセポリス
006 パサルガダエ（ナグシェ・ロスタム）
007 ヤズド
008 チョガ・ザンビル（アフヴァーズ）
009 タブリーズ
010 アルダビール

【北京 - まちごとチャイナ】

001 はじめての北京
002 故宮（天安門広場）
003 胡同と旧皇城
004 天壇と旧崇文区
005 瑠璃廠と旧宣武区
006 王府井と市街東部
007 北京動物園と市街西部
008 頤和園と西山
009 盧溝橋と周口店
010 万里の長城と明十三陵

【天津 - まちごとチャイナ】

001 はじめての天津
002 天津市街
003 浜海新区と市街南部
004 薊県と清東陵

【上海 - まちごとチャイナ】

001 はじめての上海
002 浦東新区
003 外灘と南京東路
004 淮海路と市街西部
005 虹口と市街北部
006 上海郊外（龍華・七宝・松江・嘉定）
007 水郷地帯（朱家角・周荘・同里・甪直）

【河北省 - まちごとチャイナ】

001 はじめての河北省
002 石家荘
003 秦皇島
004 承徳
005 張家口
006 保定
007 邯鄲

【江蘇省 - まちごとチャイナ】

001 はじめての江蘇省
002 はじめての蘇州
003 蘇州旧城
004 蘇州郊外と開発区
005 無錫
006 揚州
007 鎮江
008 はじめての南京
009 南京旧城
010 南京紫金山と下関
011 雨花台と南京郊外・開発区
012 徐州

【浙江省 - まちごとチャイナ】

001 はじめての浙江省
002 はじめての杭州
003 西湖と山林杭州
004 杭州旧城と開発区
005 紹興
006 はじめての寧波
007 寧波旧城
008 寧波郊外と開発区
009 普陀山
010 天台山
011 温州

【福建省 - まちごとチャイナ】

001 はじめての福建省
002 はじめての福州
003 福州旧城
004 福州郊外と開発区
005 武夷山
006 泉州
007 廈門
008 客家土楼

【広東省 - まちごとチャイナ】

001 はじめての広東省
002 はじめての広州
003 広州古城
004 天河と広州郊外
005 深圳（深セン）
006 東莞
007 開平（江門）
008 韶関
009 はじめての潮汕
010 潮州
011 汕頭

【遼寧省 - まちごとチャイナ】

001 はじめての遼寧省
002 はじめての大連
003 大連市街
004 旅順
005 金州新区

006 はじめての瀋陽
007 瀋陽故宮と旧市街
008 瀋陽駅と市街地
009 北陵と瀋陽郊外
010 撫順

【重慶 - まちごとチャイナ】

001 はじめての重慶
002 重慶市街
003 三峡下り（重慶〜宜昌）
004 大足

【香港 - まちごとチャイナ】

001 はじめての香港
002 中環と香港島北岸
003 上環と香港島南岸
004 尖沙咀と九龍市街
005 九龍城と九龍郊外
006 新界
007 ランタオ島と島嶼部

【マカオ - まちごとチャイナ】

001 はじめてのマカオ
002 セナド広場とマカオ中心部
003 媽閣廟とマカオ半島南部
004 東望洋山とマカオ半島北部
005 新口岸とタイパ・コロアン

【Juo-Mujin（電子書籍のみ）】

Juo-Mujin 香港縦横無尽
Juo-Mujin 北京縦横無尽
Juo-Mujin 上海縦横無尽

【自力旅游中国 Tabisuru CHINA】

001 バスに揺られて「自力で長城」
002 バスに揺られて「自力で石家荘」
003 バスに揺られて「自力で承徳」
004 船に揺られて「自力で普陀山」
005 バスに揺られて「自力で天台山」
006 バスに揺られて「自力で秦皇島」
007 バスに揺られて「自力で張家口」
008 バスに揺られて「自力で邯鄲」
009 バスに揺られて「自力で保定」
010 バスに揺られて「自力で清東陵」
011 バスに揺られて「自力で潮州」
012 バスに揺られて「自力で汕頭」
013 バスに揺られて「自力で温州」

【車輪はつばさ】
南インドのアイラヴァテシュワラ寺院には建築本体に車輪がついていて寺院に乗った神さまが人びとの想いを運ぶと言います。

・本書はオンデマンド印刷で作成されています。
・本書の内容に関するご意見、お問い合わせは、発行元の
　まちごとパブリッシング info@machigotopub.com までお願いします。

まちごとインド
南インド024コーチ（コーチン）
～「海のシルクロード」の一大拠点［モノクロノートブック版］

2017年11月14日　発行

著　者	「アジア城市（まち）案内」制作委員会
発行者	赤松　耕次
発行所	まちごとパブリッシング株式会社
	〒181-0013　東京都三鷹市下連雀4-4-36
	URL http://www.machigotopub.com/
発売元	株式会社デジタルパブリッシングサービス
	〒162-0812　東京都新宿区西五軒町11-13
	清水ビル3F
印刷・製本	株式会社デジタルパブリッシングサービス
	URL http://www.d-pub.co.jp/

MP045

ISBN978-4-86143-179-1 C0326　　　　Printed in Japan
本書の無断複製複写（コピー）は、著作権法上での例外を除き、禁じられています。